# »Abwärts ins Abenteuer« im Unterricht

## INHALTSANGABE

U.1

Fee Krämers Geschichte erzählt zwei aufregende Tage im Leben des 11-jährigen Justin.

Justin, genannt Ju, lebt mit seinem kleinen Bruder Flo und seiner Mutter in einer kleinen Wohnung im 14. Stock in einer der »Milchtüten«. So wird die Hochhaussiedlung am Rand der Stadt genannt.

Ju ist fleißig und talentiert – eigentlich ist er in allem gut, was er anpackt. Da seine alleinerziehende Mutter viel arbeitet, übernimmt er viel Verantwortung für sich, seinen kleinen Bruder und den Haushalt; mehr als ein »normaler« Elfjähriger. Das Geld, das er mit Rasenmähen bei den Buschmanns verdient, spart er, weil er hofft, eine größere Wohnung für die Familie bezahlen zu können.

Als er an einem Sommerabend nach einem langen Tag im Keller noch seinen Tischtennisschläger holen möchte, passiert etwas Seltsames. Der Fahrstuhl hält nicht im Kellergeschoss an, sondern saust weiter in die Tiefe. Dort liegt ein langer silberner Gang vor ihm. Neugierig schaut er sich um und entdeckt einen kleinen, goldenen Käfer, der sich bei genauerem Hinsehen als Bärchen entpuppt. Plötzlich kommen von überall her Bärchen und scheinen ihm den Weg zu einer Tür mit der Aufschrift »SIE, Chefin von Alldem« zu weisen. Als die Tür sich öffnet, sieht Ju einen großen sprechenden Flummi, der ihn offensichtlich schon erwartet hat. Er stellt sich als ZZZipsch vor und führt den Jungen zu einer älteren Dame, die in einem gemütlichen Sessel sitzt. Sie verkündet, dass sie einen Auftrag für Ju hat: Er soll nichts weniger als die Welt retten, und zwar bis zum folgenden Abend. Ju ist davon überzeugt zu träumen – nur so kann er sich die verrückte Szene erklären.

Erst als er mit ZZZipsch in seiner Küche sitzt, dämmert es ihm, dass es kein Traum ist. Während der Flummi sich über die gefrorenen Essensreste hermacht, grübelt Ju, wie er die Welt retten könnte. ZZZipsch erklärt ihm, dass er Jus Wünsche umsetzen wird. Und schon wird es stockdunkel, als Jus erste Idee zur Weltrettung in die Tat umgesetzt wird: Alles Leben im All soll erlöschen. Erschrocken stellt Ju fest, dass er diese Idee nicht ganz durchdacht hat. Glücklicherweise kann ZZZipsch den Wunsch noch umkehren, bevor das Leben auf der Erde erlischt.

Spätestens jetzt ist für Ju klar, dass er Hilfe braucht. Freunde hat er nicht wirklich. Aber seine Klassenkameradin Leyla ist sehr an Umweltthemen interessiert und scheint ihm am besten für die Mission geeignet. Früh am nächsten Morgen geht er zu ihr und bittet sie um Hilfe. Leyla muss nicht lange überredet werden. Die beiden Kinder machen einen Lageplan auf dem nahegelegenen Spielplatz. Leylas erste Idee ist es, ganz viele Bäume wachsen zu lassen, um das Klima zu retten. Im Nu sprießen überall Bäume aus dem Boden – auch auf Straßen, auf dem Fußballplatz und unter Trampolinen. Die beiden Weltretter beobachten das Geschehen aus einem Baumwipfel und finden es ziemlich witzig.

Von ihrem Ausguck aus können sie auch zwei Jugendliche beobachten, die sich streiten und übel beschimpfen. So entsteht schon die nächste Idee: Schimpfwörter müssen verschwinden, dann kann es keinen Streit mehr geben! Und schon kommen statt Schimpfwörtern nur noch Blasen aus dem Mund der Streithähne.

Für ihre nächste Idee möchte Leyla zu Ju nach Hause gehen. Das ist ihm sehr unangenehm, aber sie machen sich trotzdem auf den Weg. Leyla möchte wissen, wie Ju überhaupt an den Auftrag gekommen ist. Er erklärt ihr alles und sie bedankt sich mit einer Umarmung bei ihm, dass er sie dazugeholt hat.

ZZZipsch weist die beiden Kinder auf das Zeitlimit hin. Damit sie schneller vorankommen, wünscht sich Ju einen Zaflib – einen fliegenden Bären. Bald fliegen sie auf einem flauschigen Bären durch die Luft. Ju will unbedingt das Meer sehen und so machen sie einen Abstecher an die Küste. Aber sie können nicht lange verweilen, die Zeit drängt. Bei Ju angekommen, erklärt ihm Leyla endlich ihre nächste Idee: Aus allen Waffen der Welt sollen nur noch Gummibärchen kommen! Es funktioniert. Sowohl beim Computerspiel als auch aus Flos Spielzeugpistole fliegen nur noch Gummibärchen statt Geschosse.

Obwohl die Kinder jetzt noch tausend Ideen zur Weltverbesserung haben, verkündet ZZZipsch, dass die Zeit um ist. Der Flummi bringt die Kinder wieder zur Chefin in den Keller. Ju ist es mulmig zumute, weil er seinen Auftrag nicht erfüllt hat. Doch die Dame schaut ihn ganz freundlich an. Ju lässt den Tag noch einmal Revue passieren und stellt fest, dass er sich schon lange nicht mehr so fröhlich und leicht gefühlt hat. Das freut auch die Dame und sie entlässt die Kinder fröhlich.

Das Buch ist in der Reihe »super lesbar« erschienen. Diese Bände zeichnen sich aus durch lesefreundliche Schrift- und Seitengestaltung. Das Leseniveau liegt unter dem des Lesealters, sodass auch ungeübte Leser:innen Erfolgserlebnisse beim Lesen haben können. Zusätzlich aufgelockert wird die Geschichte durch Illustrationen von Timo Grubing.

## DIDAKTISCHES PROFIL DES KINDERROMANS

Das didaktische Potenzial des Romans als Unterrichtslektüre liegt in der Verknüpfung von vertrauten, assimilativen und eher neuen, akkommodativen Aspekten.

Vertraute Charakteristika des Textes, wie etwa in den Dimensionen Thematik, Figuren, Wirklichkeitsbezug usw., ermöglichen den Schüler:innen, einen eigenen, individuellen Zugang zum Text zu finden, und schaffen so Anknüpfungsmöglichkeiten für eine eigene Textdeutung (Assimilation). Dieser Aspekt zeigt das lesefördernde Potenzial der Erzählung. Der Bereich des literarischen Lernens, auch »literarische Rezeptionskompetenz« genannt, wird durch die neuen, zusätzlichen Anforderungen, die der Text an das literarische Verstehen der Schüler:innen stellt, angesprochen. Tabellarisch kann das didaktische Profil des Romans folgendermaßen dargestellt werden:

| **Dimension des Textes** | **Das Vertraute: Möglichkeit zur Assimilation (Leseförderung)** | **Das Neue: Notwendigkeit zur Akkommodation (literarisches Lernen)** |
|---|---|---|
| **Wirklichkeitsbezug** | ▸ Realitätsnahe Schilderung mit fantastischem Element | ▸ Fantastische Figuren: ZZZipsch, Chefin |
| **Thematik** | ▸ Familie<br>▸ Freundschaft<br>▸ Umweltprobleme | ▸ Verantwortung für Geschwisterkind<br>▸ Erfüllung von Wünschen |
| **Figuren** | ▸ Übersichtliches Figurenarsenal<br>▸ Identifikationsangebot durch Ju und Leyla | ▸ ZZZipsch, der Wünsche erfüllen kann<br>▸ Chefin von Alldem |
| **Sprache/Stil** | ▸ Wörtliche Rede<br>▸ Umgangssprache | ▸ Ungewöhnliche Wörter |
| **Literarische Formelemente/ Erzählkonzept** | ▸ Er-Erzähler<br>▸ Nahezu lineare Erzählung<br>▸ Humor<br>▸ Spannung | ▸ Prolog und Epilog<br>▸ Offenes Ende<br>▸ Intertextualität – Märchen |

## LITERARISCHES PROFIL DES KINDERROMANS

u.3

### Erzählweise

Der Kinderroman »Abwärts ins Abenteuer« von Fee Krämer ist in neun Abschnitte (sieben Kapitel, Prolog und Epilog) gegliedert. Die Kapitel umfassen jeweils etwa zehn Seiten.

Das Figurenarsenal ist übersichtlich: Im Mittelpunkt stehen der elfjährige Justin, genannt Ju, und die gleichaltrige Leyla sowie die fantastischen Figuren SIE und ZZZipsch. Jus Bruder Fabi, die Mutter und die Nachbarn Herr und Frau Buschmann haben keinen Einfluss auf den Verlauf der Handlung. Die Geschichte spielt vor allem in Jus Wohnhaus, einem Hochhaus, und in der umliegenden Gegend.

Die Erzählzeit erstreckt sich über etwa 24 Stunden an einem Sommertag. Erzählt wird durchgehend im Präsens, mit einem hohen Anteil wörtlicher Rede. Die Sätze sind meist kurz und einfach gehalten. Es gibt aber immer wieder Wörter, die für nicht muttersprachliche Kinder erklärt werden müssen (s. Sprache).

### Themen und Motive

Jus **Familie** besteht aus ihm, seinem jüngeren Bruder Fabi und der Mutter. Der Vater bleibt unerwähnt. Die Mutter muss meist lange arbeiten und ist nicht oft zu Hause. Daher muss sich Ju oft um seinen kleinen Bruder kümmern. Er sorgt dafür, dass der seine Hausaufgaben macht (S. 12), etwas zu essen auf den Tisch kommt (S. 13), er für den nächsten Tag seinen Rucksack gepackt hat (S. 17) usw. So viel Verantwortung stresst den Elfjährigen manchmal ziemlich (S. 17). Er muss alles im Kopf haben und darüber hinaus noch seine eigenen Dinge regeln. Ju hat zudem noch einen Nebenjob. Er mäht bei einem älteren Ehepaar den Rasen. Das Geld spart er, damit die Familie sich eine größere Wohnung leisten kann.

Kein Wunder, dass dabei keine Zeit für **Freunde** bleibt. Als Ju den Auftrag bekommt, die Welt zu retten, wird ihm schnell klar, dass er Unterstützung braucht. Er fragt seine Klassenkameradin Leyla um Hilfe – nicht weil er sie besonders mag oder toll findet, sondern weil sie alles hinterfragt (S. 42). Das könnte eine gute Eigenschaft für die Weltrettung sein, denkt Ju. Leyla ist unkompliziert, zupackend und gleich dabei. Sie kennt sich gut aus mit den Problemen der Welt (S. 48 ff.). Der gemeinsame Auftrag schweißt die Kinder schnell zusammen. Leyla bedankt sich bei Ju mit einer Umarmung (S. 63), dass er sie um Hilfe gebeten hat. Obwohl Ju sich für sein Zuhause schämt, nimmt er seine neue Freundin mit in seine Wohnung und am Ende des Tages in den Keller zur Chefin. Das Ende der Geschichte bleibt zwar offen, aber es ist anzunehmen, dass Ju und Leyla weiterhin Freunde bleiben.

Bei der Rettung der Welt werden verschiedene **(Um-) Weltprobleme** beleuchtet, die Kinder genauso wie Erwachsene beschäftigen. Um dem Klimawandel etwas entgegenzusetzen, pflanzen die Kinder Bäume. Da Kriege zu vielen Problemen weltweit beitragen, wünschen sich die Kinder, dass nur noch Gummibärchen anstelle von Munition aus Waffen kommen, und Schimpfwörter werden ganz aus dem Wortschatz gestrichen. Leyla hat noch mehr Ideen: Sie würde auch gern die Ungleichheit und den Hunger beseitigen, aber dazu reicht die Zeit nicht aus.

Der Text hat viele märchenhafte Züge: Es gibt einen Helden, einen Auftrag, einen magischen Helfer und die Erfüllung von Wünschen. **Intertextuelle Bezüge** lassen sich auch zu »Eine Woche voller Samstage« herstellen, wo Herr Taschenbier erst lernen muss, beim Wünschen sehr genau und überlegt vorzugehen.

### Sprache

Der Roman ist größtenteils in vereinfachter Sprache und parataktischem bzw. begrenzt hypotaktischem Satzbau verfasst. Zahlreiche Dialoge helfen Kindern, die das Lesen längerer Texte nicht gewohnt sind, die Textmenge zu bewältigen.

Zuweilen lässt die Autorin in den Dialogen Umgangssprache und Kraftausdrücke einfließen, unter anderem hier:

- »Reis mit Scheiß« (S. 13)
- »Was zur Hölle passiert hier?« (S. 19)
- »Du bist echt so ein Arsch!« (S. 55)
- »Machste jetzt einen auf Hammerhai, oder was?!« (S. 57)
- »Hä?« (S. 67)

Einige Wörter sind für nicht muttersprachliche Schüler:innen ggf. erklärungsbedürftig, z. B.: schmunzeln (S. 8), beulig (S. 9), wedeln (S. 10), entziffern (S. 14), Diakonie (S. 17), fassungslos (S. 31), Weltherrschaft (S. 34), überstülpen (S. 39), plappern (S. 39), jauchzend (S. 47), absurd (S. 70).

## DEUTUNGSPERSPEKTIVEN

Die Geschichte lässt sich als Märchen lesen. Der Held (hier Ju) hat mit widrigen Umständen zu kämpfen. Er hat viele Sorgen, die ihn belasten. Durch Zufall gerät er in eine magische Welt (wie die Goldmarie bei Frau Holle). Dort begegnet er seiner »guten Fee«, die viel Wärme ausstrahlt, und er bekommt einen unmöglich erscheinenden Auftrag, den er bis zu einem Ultimatum erledigen muss, wie die Müllerstochter in Rumpelstilzchen. Ein magischer Helfer wird ihm in Form von ZZZipsch zur Seite gestellt, der seine Wünsche realisiert (ähnlich wie der Geist in der Flasche). Die Geschichte endet für den Helden gut. Anders als im Märchen erledigt er den Auftrag jedoch nicht vollständig.

Aber vielleicht war das auch gar nicht die Absicht der »guten Fee«. Ju hat zu Beginn der Geschichte den Eindruck, dass er zwar nicht die Welt, aber zumindest seine Familie retten muss. Es lastet viel auf ihm. Der Auftrag, die Welt in 24 Stunden zu retten, ist ebenso unmöglich wie die Vorstellung des Elfjährigen, mit seinem Nebenjob die Wohnsituation der Familie verbessern zu können. Der abenteuerliche Tag mit ZZZipsch und Leyla gibt Ju zum ersten Mal seit langem wieder die Möglichkeit, sich fröhlich und frei zu fühlen. Er darf auf Bäume klettern und kann für einen Augenblick seine Sorgen vergessen. Er darf Kind sein und sich auch lustige Dinge wünschen, wie den Flug auf dem Zaflib. Beim Abschied aus der Zauberwelt ruft SIE ihm nach: »Keine Sorge, ich räume hinter euch auf!« Das ist sicher etwas, das Ju noch nicht so oft gehört hat. So lässt sich die Geschichte auch als Plädoyer dafür verstehen, dass Kinder nicht zu früh mit der Erwachsenenwelt und ihren Problemen konfrontiert sein dürfen.

Die Erzählung lässt sich zudem als Parabel für den Umgang mit den globalen Problemen lesen. Die Zeit drängt, Veränderungen im Verhalten vorzunehmen, die eine Verschlimmerung der Klimakatastrophe noch abwenden können. Doch die Aufgabe ist so komplex, dass sie unerfüllbar erscheint, vor allem in der Kürze der Zeit. Und so versuchen Menschen, individuell ihren Beitrag zur »Rettung der Welt« zu leisten – auch wenn es ihnen nicht gelingen kann.

Die Geschichte spricht die Fantasie und den Spieltrieb von Kindern an. Ju kann sich für seinen Auftrag Dinge wünschen, auch ganz verrückte Sachen wie fliegende Bären oder Gummibärchenmunition. Er erlebt bei seinem Abenteuer zwar, dass man genau wünschen muss, sonst geht womöglich die Welt unter. Aber das Spielerische steht dabei im Vordergrund.

## METHODENKISTE

Die folgende »Methodenkiste« ist als Ideensammlung zur Planung einer Unterrichtseinheit zum Roman »Abwärts ins Abenteuer« gedacht. Sie verbindet anzustrebende Kompetenzen im Deutschunterricht mit möglichen Textumgangsweisen in einem Unterricht zum Roman. Dabei beziehen wir uns auf die von der Kultusministerkonferenz (KMK) verabschiedeten »Bildungsstandards für das Fach Deutsch für den Primarbereich«, die die verbindliche Grundlage für alle in den Ländern zu entwickelnden Lehr- und Bildungspläne in der Grundschule darstellen.

In der rechten Spalte geben wir jeweils mögliche Beispiele für eine konkrete Umsetzung im Unterricht. Hier finden sich auch Verweise zu den Kopiervorlagen und Infoblättern in diesem Heft. Zahlreiche methodische Möglichkeiten sprechen mehrere Bildungsstandards an. Wir haben uns zum Zwecke der Übersichtlichkeit jeweils für einen Bildungsstandard des Bereiches 3.3 (»Lesen – mit Texten und Medien umgehen«) entschieden. Häufig lassen sich auch sinnvolle Bezüge zu den Bildungsstandards der anderen Bereiche herstellen.

Darüber hinaus stehen die vorgeschlagenen Methoden in Verbindung mit einem fächerübergreifenden Ansatz (v.a. mit Sachunterricht oder Kunst), den Sie je nach Klassensituation, Vorwissen und Interessen der Schüler:innen modifizieren können.

| Bildungsstandards | Methoden | Beispiele |
|---|---|---|
| **→ Über Lesefähigkeiten verfügen** | | |
| • Altersgemäße Texte sinnverstehend lesen | • Einzelne Abschnitte sinngestaltend vorlesen | • Lesevortrag vorbereiten, dann laut vorlesen<br>• Partnerlesen<br>• Dialoge mit verteilten Rollen lesen, z.B. Kapitel 4, 5, 7 |
| • Lebendige Vorstellungen beim Lesen und Hören literarischer Texte entwickeln | • Hörspiel zu Szenen der Geschichte entwickeln | • Drehbuch schreiben<br>• Geräusche überlegen |
| | • Szenen malen oder spielen | • Z.B. Ju kommt in den Keller, Ju kommt zu Leyla, Flug auf dem Zaflib → **k.4, k.5, k.7** |
| **→ Über Leseerfahrungen verfügen** | | |
| • Verschiedene Sorten von Sach- und Gebrauchstexten kennen | • Sachtexte lesen und Informationen entnehmen | • Lexikonartikel über Umweltthemen suchen und lesen |
| • Kinderliteratur kennen: Werke, Autoren und Autorinnen, Figuren, Handlungen | • Fachbegriffe einführen und anwenden, z.B Titel, Autor:in, Illustrator:in, Verlag, Umschlagtext, Zeile | • Fachbegriffe anhand des Buchs besprechen und anwenden |
| | • Thematisch ähnliche Bücher kennenlernen | • »Hilfe, ich bin ein Panda!« von Fee Krämer |
| • Sich in einer Bücherei orientieren | • Gezielt Bücher suchen | • Sachbücher zum Thema Klimaschutz |
| • Informationen in Druck- und – wenn vorhanden – elektronischen Medien suchen | • Internetrecherche | • Zu den Begriffen Prolog und Epilog<br>• Zu Umweltproblemen<br>• Zur Autorin |
| • Die eigene Leseerfahrung beschreiben und einschätzen | • Zum Inhalt des Textes begründet Stellung nehmen | • Die Handlung einzelner Figuren beschreiben und bewerten → Ju, Leyla, Mutter |
| | • Abschließende Bewertung des Leseerlebnisses | • Feedback-Bogen erstellen und ausfüllen → **k.12** |
| | • Bezüge zur eigenen Lebenswirklichkeit herstellen | • Freundschaft, Verantwortung in der Familie → **k.3**, Wünsche → **k.5, k.7** |
| **→ Texte erschließen** | | |
| • Verfahren zur ersten Orientierung über einen Text nutzen | • Titelbild und Umschlagtext untersuchen | • Vermutungen zum Titel anstellen |
| | • Umschlagtext lesen | • Textantizipation äußern |
| • Gezielt einzelne Informationen suchen | • Fragen zum Text beantworten | → **k.2–k.9** |
| | • Den Textinhalt rekonstruieren | • Einen Lückentext ergänzen<br>• Satzstreifen oder Textteile ordnen |
| | • Figuren herausarbeiten | • Welche Figuren kommen in der Geschichte vor?<br>• Einen Figurensteckbrief erstellen |
| | • Die Gedanken und Gefühle der Figuren herausarbeiten | • Wie fühlt sich Ju im Lauf der Geschichte? → **k.11** |
| | • Wesentliche Textstellen kennzeichnen (unterstreichen, Randmarkierung, farbig markieren ...) | • Wörtliche Rede verschiedener Figuren mit verschiedenen Farben, um die Szene nachzuspielen → **k.4** |
| | • Kapitelüberschriften finden | • Gesamter Roman → **k.11** |
| • Texte genau lesen | • Veränderten Text vorlesen oder vorgeben, Vergleich mit dem Original | • Textstellen überprüfen<br>• Fehler finden |
| | • Erzählzeit bestimmen | • Verben unterstreichen<br>• Eine Stelle ins Präteritum setzen – verändert sich die Wirkung? |
| • Texte mit eigenen Worten wiedergeben | • Den Inhalt des Buchs mit eigenen Worten wiedergeben | • Mithilfe von Bildern, Moderationskarten, Stichwörtern oder Sätzen<br>• Kapitelexperten benennen, die den Inhalt einzelner Kapitel zusammenfassen |
| | • Kapitel gliedern | • Zwischenüberschriften finden<br>• Abschnitte finden und den Überschriften zuordnen |

| Bildungsstandards | Methoden | Beispiele |
|---|---|---|
| • Zentrale Aussagen eines Textes erfassen und wiedergeben | • Roten Faden zur Geschichte erstellen | • Stichwörter zum Nacherzählen der Geschichte notieren |
| | • Spannungskurve zeichnen | • Spannungserzeugung untersuchen |
| | • Gefühlskurven zeichnen | • Für Ju nach dem Lesen der ganzen Geschichte → **K.11** |
| • Aussagen mit Textstellen belegen | • Aussagen zu einer Fragestellung suchen und Fundstellen angeben | → **K.8** |
| • Eigene Gedanken zu Texten entwickeln, zu Texten Stellung nehmen und mit anderen über Texte sprechen | • Leerstellen des Textes ausfüllen | • Was macht Fabi während Jus Abenteuer?<br>• Die Mutter kommt nach der Arbeit nach Hause und findet einen schlafenden Flummi auf dem Küchentisch<br>• Worüber streiten sich die Jugendlichen? |
| | • Tagebucheintrag einer Figur verfassen | • Ju am ersten Abend<br>• Leyla/Ju nach dem Abenteuer |
| • Bei der Beschäftigung mit literarischen Texten Sensibilität und Verständnis für Gedanken und Gefühle sowie zwischenmenschliche Beziehungen zeigen | • Handlungen, Verhaltensweisen und Verhaltensmotive der Figuren bewerten | • Wie ist es für Ju, so viel Verantwortung zu haben? Was ist die Rolle der Mutter?<br>• Rolle der Chefin bewerten |
| • Unterschiede und Gemeinsamkeiten von Texten finden | • Vergleich von Texten | • Einen thematisch verwandten Text lesen und vergleichen (Auswahl siehe oben) |
| • Handelnd mit Texten umgehen: z. B. illustrieren, inszenieren, umgestalten, collagieren | • Eine Textstelle im Rollenspiel darstellen | • Z. B. Kapitel 2 → **K.4** |
| | • Eine Szene oder einen Schauplatz nachmalen | • Z. B. im Keller, Umsetzung der Wünsche → **K.5**, Flug mit dem Zaflib |
| | • Einen Brief schreiben | • Benno schreibt nach dem Abenteuer an SIE/ZZZipsch |
| | • Einen Comic zeichnen | • Ju kommt in den Keller<br>• Bäume erscheinen überall |
| | • Die Geschichte weiterschreiben | • Wohin geht Ju am nächsten Morgen?<br>• Ju besucht noch einmal SIE/ZZZipsch im Keller |
| | • Ein Kapitel aus anderer Perspektive erzählen | • Ende aus Leylas Perspektive |
| | • Die Geschichte umschreiben | • Ju bekommt einen anderen Auftrag<br>• Wie wäre es, wenn die Geschichte in Form eines Tagebuchs geschrieben wäre? |
| | • Interview mit einer Figur führen | • Am Ende der Geschichte mit Ju oder Leyla |
| | • Einen Tagebucheintrag schreiben | • Ju/Leyla schreiben über ihr Abenteuer |
| | • Ein Hörspiel zu einer Szene verfassen | • Kapitel 6 |
| | • Einen fiktiven Dialog zwischen Romanfiguren verfassen | • Gespräch zwischen Mutter und Ju am ersten Abend oder am Ende der Geschichte |
| | • Einen Steckbrief zu einer Figur erstellen | • Ju, Leyla, ZZZipsch |
| | • Standbilder zu einer Szene | • Kapitel 5 |

## → Texte präsentieren

| Bildungsstandards | Methoden | Beispiele |
|---|---|---|
| • Selbst gewählte Texte zum Vorlesen vorbereiten und sinngestaltend vorlesen | • Eine Textstelle auswählen<br>• Auswahl begründen<br>• Gestaltenden Lesevortrag vorbereiten und üben | • Diese Stelle fand ich besonders witzig/traurig/spannend ... |

# VORSCHLÄGE FÜR EINE UNTERRICHTSEINHEIT

u.b

## Lesetagebuch

Empfehlenswert ist, die Schüler:innen begleitend zur Arbeit mit dem Roman ein Lesetagebuch führen zu lassen. Hier ist Raum für eigene Gedanken und Notizen, aber auch für im Unterricht erarbeitete Aspekte. Somit ist eine Sicherung der Ergebnisse gewährleistet. Die Schüler:innen können ihre Interessen im Lesetagebuch vertiefen. Außerdem können die bearbeiteten Arbeitsblätter im Lesetagebuch abgelegt werden. So entsteht im Verlauf der Unterrichtseinheit ein individuelles und persönliches Lektürebuch, das als Grundlage für die Reflexion und auch für die Bewertung von Schülerleistungen genutzt werden kann.

## Erste Textbegegnung

Eine geeignete Alternative zur klassischen Herangehensweise, den Titel oder das Titelbild des Buchs zu zeigen und die Schüler:innen Vermutungen dazu äußern zu lassen, wäre, der Klasse die erste Seite des 1. Kapitels vorzulesen. Danach kann über den Fortgang der Geschichte spekuliert werden. Anschließend wird das Buch ausgeteilt.

## Lesen und Erarbeitung der Erzählung

Das Lesen der Erzählung kann teils zu Hause, teils im Unterricht erfolgen. Abhängig von der Lesefähigkeit und der Selbstständigkeit der Kinder kann sich eine freiere Erarbeitung in individuellem Arbeitstempo oder das gemeinsame Erlesen im Klassenverband anbieten. Dabei sollte nicht das laute Reihum-Vorlesen im Vordergrund stehen. Denn vor allem bei noch nicht so sicheren Leser:innen behindert das laute Lesen eher das Textverstehen. Das laute Lesen zeigt lediglich, dass ein Kind die Lesetechnik beherrscht, noch nicht, dass es verstanden hat, was es gelesen hat. Es empfiehlt sich deshalb, vorwiegend Textstellen laut vorlesen zu lassen, die zuvor durch leises Lesen geübt werden konnten.

Zur Sicherung des Leseverständnisses und abschnittsweisen Erarbeitung des Textes lassen sich die Kopiervorlagen **k.2** bis **k.11** einsetzen. Die Aufgaben können dann entweder im eigenen Lese- und Arbeitstempo oder im Gleichschritt bearbeitet werden. Die Kopiervorlagen müssen ggf. dem Stand der Lerngruppe individuell angepasst werden. Sie sollen ein möglichst breit gefächertes Spektrum von Aufgabenstellungen zeigen, aus dem die Lehrkraft dann Aufgaben für ihre Lerngruppe auswählen und mit eigenen Arbeitsaufträgen ergänzen kann.

## Weitere Arbeit mit der Erzählung

An die gemeinsame Lektüre und Erarbeitung kann sich eine Phase des weiterführenden Lesens auf verschiedenen Niveaustufen anschließen. Vor allem Schüler:innen, die schon geübtere Leser:innen sind, können ein weiteres Buch ganz oder auszugsweise lesen und Vergleiche anstellen. Geeignet hierfür wären:

- ein anderes Buch der Autorin,
- Bücher, die einen Bezug zum Thema haben, oder
- Bücher, in denen Kinder wie Ju viel Verantwortung in der Familie übernehmen müssen.

Beispiele für geeignete Bücher aus dem Beltz Verlag:

- Fee Krämer: **Hilfe, ich bin ein Panda!**
  *Benno ist das dritte von vier Geschwistern – und unsichtbar. Naja, nicht wirklich, aber eben doch irgendwie, denn er wird immer übersehen. Eines Tages findet Benno eine alte Limo-Dose mit einer geheimen Botschaft: »Wunsch frei! 1. Augen schließen, 2. Wunsch (nicht zu laut) aussprechen, 3. Wundern«. Benno flüstert sofort: »Ich will nicht mehr unsichtbar sein.« Nichts passiert – war ja klar. Doch am nächsten Morgen, beim Blick in den Spiegel, traut Benno seinen Augen nicht: Er ist ein Pandabär und ganz und gar nicht mehr unsichtbar! So hatte Benno sich das nicht vorgestellt ...*

- Stefanie Höfler: **Feuerwanzen lügen nicht**
  *Mischa findet die Sprüche seines besten Freundes Nits super. Der bewundert den talentierten Mischa, weil er tausend Sachen über Tiere weiß. Nits hätte Mischa alles geglaubt, bis er über immer mehr Lügen stolpert und erfährt, dass hinter alldem ganz andere Wahrheiten stecken. Aber, wie kann es sein, dass er das nicht gesehen hat!?*
  *Die vielfach ausgezeichnete Autorin Stefanie Höfler erzählt mit großartig literarischer Stimme und viel Empathie über Kinderarmut und soziale Ungerechtigkeit.*

## Reflexion der Lektüre

Im Anschluss an das Lese-Projekt sollten Eltern, benachbarte Klassen und/oder Freunde eingeladen werden, denen die Kinder ihr Buch vorstellen und ihre Arbeitsergebnisse präsentieren. In einer abschließenden Gesprächsrunde muss den Kindern noch einmal Raum gegeben werden, ihre Meinung zum Buch und zur Unterrichtseinheit zu formulieren und diese zu begründen. Als Vorbereitung dazu kann zuvor ein Feedback-Bogen bearbeitet werden (→ **k.12**).

Auf der letzten Seite dieses Heftes finden sich Lösungsvorschläge zu einigen Aufgaben der Kopiervorlagen. Hierbei wurden vor allem die geschlossenen Aufgabenstellungen berücksichtigt, bei denen es nur eine korrekte Lösungsmöglichkeit gibt.

# Infoblätter

© Fee Krämer

## DIE AUTORIN FEE KRÄMER

i 1

Fee Krämer wurde 1984 in Heidelberg geboren. Nach dem Lehramtsstudium und Referendariat arbeitete sie bei verschiedenen Verlagen. Sie ist Absolventin der Akademie für Kindermedien (2012/13) und seit 2016 freischaffende Autorin. Ihr Werk umfasst Hörbücher, Drehbücher sowie Kinderbücher. Sie lebt mit ihrer Familie in Berlin.

Weitere Informationen siehe Homepage:

https://feekraemer.de/

### Werke (Auswahl)

- **Max Murks – Schwimmkurs mit Hai.** Frankfurt/M.: Fischer Sauerländer, 2018.
- **Ein ganz alter Trick.** Ravensburg: Hummelburg, 2020.
- **Rille – die Dschungelfreunde sind los!** Stuttgart: Esslinger, 2020.
- **Rille – ein Dschungel voller Abenteuer.** Stuttgart: Esslinger, 2021.
- **Hilfe, ich bin ein Panda!** Weinheim/Basel: Beltz & Gelberg, 2021.

### Preise und Auszeichnungen

2018 Preisträgerin FAT (Fernsehen aus Thüringen)
2022 Prix Chronos für »Ein ganz alter Trick«

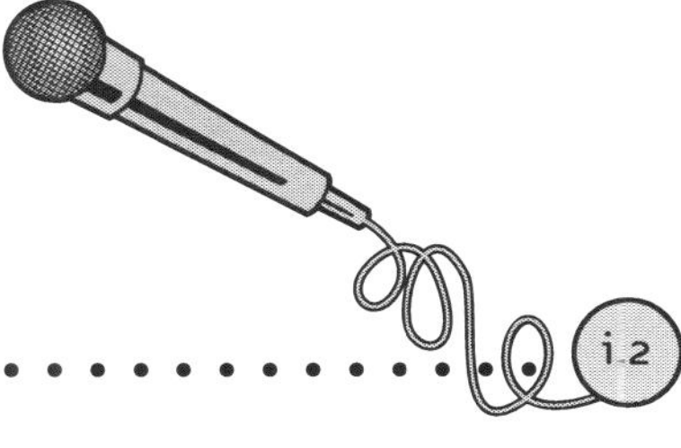

## INTERVIEW MIT FEE KRÄMER: »ICH WÜRDE MIR ERST MAL WÜNSCHEN, DASS WIRKLICH ALLE MIT ANPACKEN«

i 2

Fee Krämer über die Entstehung der Geschichte, ihre Figuren und das Überarbeiten von Texten

*Was würden Sie sich wünschen, um die Welt zu retten?*

Ich würde mir erst mal wünschen, dass wirklich alle mit anpacken. Denn wenn sich jeder und jede nur ein bisschen verantwortlich fühlt, lastet die ganz große Verantwortung nicht auf wenigen Schultern.

*Wie ist die Idee für Ihre Geschichte entstanden?*

Ich nehme bei vielen wahr, dass der Zustand der Welt sie bedrückt. Gleichzeitig sollen die Jüngsten jetzt das richten, was die Älteren verbockt haben. Das finde ich unfair und wirklich viel verlangt. Ich hoffe, das spürt man in der Geschichte. Auch wenn Jus und Leylas Weltrettungsversuche natürlich ganz viel Spaß machen sollen.

*Wie ist der Schreibprozess verlaufen?*

Es ist ja eine ziemlich dicht erzählte Geschichte. Ich musste mir also gut überlegen, was wirklich wichtig ist oder was vielleicht auch wieder rausfliegen kann. Großen Spaß hatte ich an ZZZipschs Umsetzung der Ideen von Ju und Leyla.

*War ZZZipsch gleich als Figur in Ihrem Kopf oder hatten Sie auch andere Ideen für magische Helfer?*

Er war tatsächlich sehr schnell da. Zuallererst war da das magische Fach und der Sound dazu: ZZZIPSCH – das Eröffnen unzähliger Möglichkeiten – und dann kam die Form dazu. Ein Flummi, der (auch gedanklich) schnell von hier nach da springt.

*Jus und Fabis Eltern kommen gar nicht in der Geschichte vor. Warum haben Sie sich ausschließlich auf die Kinder konzentriert?*

Auch wenn ihre Mutter für Ju und Fabi wichtig ist, für die Geschichte ist sie es nicht.

*Bauen Sie eine enge Verbindung zu Ihren Figuren während des Schreibens auf?*

Absolut. Sie begleiten mich dann oft noch ein Weilchen, nachdem ich eine Geschichte bereits fertig geschrieben habe. Als wollten sie nicht von mir vergessen oder gegen die nächste Figur ausgetauscht werden.

*Die Geschichte ist von einem auktorialen Erzählstandpunkt erzählt. Hatten Sie auch in Erwägung gezogen, aus Jus Sicht in der Ich-Form zu schreiben?*

Ja, ich gehe zu Beginn eigentlich immer alle möglichen Erzählperspektiven durch. In der auktorialen Perspektive bekommen aber auch Leyla und ZZZipsch ihren Raum. Das fand ich wichtig.

*Ist das Präsens als Erzählzeit gewählt, um den Text auch für Nicht-Muttersprachler:innen leichter zugänglich zu machen?*

Ich erzähle häufig im Präsens. Es ist für mich direkter, hat weniger Abstand und löst in mir ein »Mitten-drin-Gefühl« aus. Dass ein Text damit leichter lesbar wird, ist ein schöner Nebeneffekt.

*Das Ende bleibt offen. Das finden Leser:innen manchmal unbefriedigend. Was würden Sie diesen Kindern sagen?*

Bis heute sind für mich offene Enden auch in Büchern oder Filmen für Erwachsene eine Herausforderung. Da beginnt es dann nämlich im Kopf zu rattern – und das kann anstrengend sein. Aber es lohnt sich, darüber nachzudenken, was man eigentlich selber für ein passendes Ende hält. Da gibt es kein richtig oder falsch.

*Woran arbeiten Sie im Moment? Worauf dürfen sich Leser:innen freuen?*

Auf marsreisende Hamster und alles rund ums Wasser.

*Haben sich Ihre Figuren manchmal anders entwickelt, als Sie es geplant hatten?*

Das tun sie eigentlich immer. FRECH!

*Sie haben dieses Buch für die Reihe »super lesbar« geschrieben. Hat das Ihren Schreibprozess verändert?*

Auf jeden Fall. Ich musste mich erst einmal damit auseinandersetzen, wie ich meine Sprache verändern und auch vereinfachen kann, ohne dabei aber meinen Stil zu verlieren.

*Kinder überarbeiten nicht gerne ihre Texte. Wie ist das bei Ihnen?*

Als ich mit dem professionellen Schreiben anfing, ging mir das auch so. Ich fühlte mich bei jedem Kommentar meiner Lektorin fast persönlich angegriffen. Immerhin sind es ja meine Worte, die da plötzlich nicht stimmig oder passend sein sollen. Inzwischen sehe ich das anders: Wenn ich korrigierte Fassungen meiner Texte zurückbekomme, lese ich sie immer direkt neugierig durch und sehe ganz oft, dass meine Geschichten total gewinnen, wenn ich sie überarbeite.

*Vielen Dank, Frau Krämer!*

Interview: Regine Schäfer-Munro (Januar 2024)

## Tabellarische Kapitelübersicht

i.3

| Kap. | Seite | Inhalt |
|---|---|---|
| Prolog | 7–8 | In der unterirdischen Schaltzentrale zeigt ZZZipsch einer Person, die SIE genannt wird, das Foto eines elfjährigen Jungen, der einen noch ungenannten, aber wohl schwierigen Auftrag erledigen soll. |
| 1 | 9–19 | Ju hat sich 5 € verdient, indem er den Rasen eines älteren Ehepaars gemäht hat. Er spart, weil er gerne eine größere Wohnung für sich, seinen kleinen Bruder und seine Mutter hätte.<br>Zu Hause kümmert er sich darum, dass sein kleiner Bruder Fabi die Hausaufgaben erledigt, und kocht, da die Mutter erst spät von der Arbeit nach Hause kommt.<br>Kurz bevor er ins Bett geht, fällt ihm ein, dass er noch seinen Tischtennisschläger aus dem Keller holen muss, weil er am nächsten Tag ein Turnier hat. Da er im 14. Stock wohnt, nimmt er den Fahrstuhl. Doch statt im UG anzuhalten, rast der Aufzug immer weiter in die Tiefe. |
| 2 | 20–30 | Bei – 18528 hält er schließlich an. Ju folgt einer Spur goldener Bären bis zu einer Tür mit der Aufschrift »SIE, Chefin von Alldem«. Er ist davon überzeugt, dass er sich in einem Traum befindet. Ju trifft auf ZZZipsch, einen sprechenden Flummi mit vier Beinen, danach auf eine freundliche ältere Dame, die in einem Sessel sitzt.<br>Sie erklärt Ju, dass sie einen Auftrag für ihn hat – und zwar, die Welt zu retten – und das innerhalb der nächsten 24 Stunden. Nun glaubt Ju erst recht zu träumen und lacht laut los. SIE entlässt ihn und schickt ihm ZZZipsch als Begleiter mit. |
| 3 | 31–40 | Nachdem Ju seinen kleinen Bruder ins Bett gebracht und alles für den kommenden Tag gepackt hat, sitzt er ratlos in der Küche und schaut ZZZipsch zu, der alle Essensreste vertilgt, obwohl sie noch gefroren sind. Nach dem Essen erklärt ZZZipsch dem Jungen, dass er ihm helfen wird, seine Ideen zur Weltrettung umzusetzen.<br>Ju hat keine Ahnung, womit er beginnen soll, und seine erste Idee ist, alles Leben im Weltall auszulöschen. Daraufhin wird alles schwarz. Ju bemerkt, dass die Erde zum Weltall gehört und er soeben alles Leben ausgelöscht hat. Glücklicherweise kann ZZZipsch den Wunsch noch einmal rückgängig machen.<br>Ju ist todmüde und will erst einmal schlafen. |
| 4 | 41–52 | Er erkennt, dass er Hilfe braucht, und beschließt, seine Klassenkameradin Leyla zu bitten, da sie sich sehr für den Klimaschutz interessiert. Am Morgen macht er sich auf den Weg zu ihrem Haus. Da es Samstag und sehr früh ist, traut er sich nicht zu klingeln, sondern wirft Steinchen gegen Leylas Fenster. Erstaunt öffnet sie ihm.<br>Auf dem nahegelegenen Spielplatz erklärt Ju ihr den Auftrag. Leyla ist begeistert und hat gleich viele Ideen zur Rettung der Welt. Ihr erster Plan ist, mehr Bäume zu pflanzen. Und schon schießen überall Bäume aus dem Boden. Die Kinder sind begeistert von ihrem Werk. |
| 5 | 53–66 | Die Bäume wachsen auch an ungeeigneten Stellen und sorgen so für ein ziemliches Chaos auf den Straßen.<br>Als Ju und Leyla zwei Jungs bei einem Streit zuhören, kommt ihnen die nächste Idee: Sie wollen Schimpfwörter abschaffen. Statt der Schimpfwörter kommen nun Bläschen aus den Mündern der Streithähne.<br>Für ihre nächste Idee will Leyla zu Ju nach Hause gehen. Das ist ihm gar nicht recht. Sie will außerdem genau wissen, wie er zu dem Auftrag gekommen ist. So erzählt ihr Ju die verrückte Geschichte. ZZZipsch wird etwas ungeduldig und weist darauf hin, dass nicht mehr viel Zeit bis zur Deadline bleibt. |
| 6 | 67–76 | Um schneller voranzukommen, erfindet Ju ein »Zaflib« – einen zahmen fliegenden Bär –, eine Art umweltfreundliches, fliegendes Taxi. Sogleich erscheint ein flauschiger Bär, auf dem die beiden durch die Luft fliegen. Ju wünscht sich, ans Meer zu fliegen, und bald sehen sie die Küste unter sich. Doch ZZZipsch weist darauf hin, dass die Zeit drängt. Bei Ju zu Hause angekommen, zeigt Leyla Ju ein Ballerspiel am Computer. |
| 7 | 77–88 | Sie wünscht sich, dass aus allen Waffen nur noch Gummibärchen als Geschosse kommen. Am Bildschirm fliegen Gummibärchen durch die Luft. Es klappt auch mit Fabis Spielzeugpistole! Man kann die Gummibärchen sogar essen. Dann schlägt die Uhr 6 – die Zeit ist um. Obwohl Ju jetzt geradezu vor neuen Ideen sprudelt, müssen die Kinder mit ZZZipsch in den Keller gehen. Mit dem Fahrstuhl fahren sie in die Tiefe.<br>Sie werden freudig von der Chefin empfangen. Ju gibt zu, dass er den Auftrag nicht erfüllt hat. SIE findet das gar nicht schlimm. Da stört es Ju auch nicht weiter. Die goldenen Bärchen erscheinen wieder und geleiten die Kinder zum Fahrstuhl. |
| Epilog | 89–91 | Am nächsten Morgen weckt Fabi Ju mit einer Feder. Die Mutter hat Pfannkuchen gemacht. Doch Ju hat es eilig, er zieht sich an und rennt aus dem Haus. Wohin er geht, bleibt offen. |

# Lesezeichen und Zeilometer

Dieses Lesezeichen mit Zeilometer hilft dir, wenn du eine Textstelle genau angeben möchtest. Du legst das Zeilometer oben an die Buchseite, so kannst du ablesen, in welcher Zeile etwas steht. (ACHTUNG: Manchmal beginnt der Text z. B. erst in Z. 10. Dann nicht das Zeilometer verschieben. Es wird immer oben angelegt.)
Besonders schön wird dein Lesezeichen, wenn du es auf Pappe klebst und bunt gestaltest.

# »Das soll er sein?«

**1.** Der erste Abschnitt des Buchs hat den Titel »Prolog«. Finde die Bedeutung des Wortes heraus. Schreibe die Erklärung hier auf.

Das Wort Prolog bedeutet … ______________________________

______________________________

**2.** Beantworte die Fragen.

a) Wo findet die Unterhaltung im Prolog statt?

______________________________

b) Wer spricht mit wem?

______________________________

**3.** Male ein Bild, wie du dir die beiden Figuren und den Ort vorstellst.

**4.** Die beiden haben einen Auftrag für einen Jungen. Was könnte dieser Auftrag sein? Schreibe drei Ideen in dein Heft oder Lesetagebuch.

**5.** * **Für Profis:** Schreibe den Anfang einer Geschichte in dein Heft. Wähle eine der Ideen aus Aufgabe 4 aus. Überlege, wo und wie die Frau und ZZZipsch den Jungen treffen könnten.

# Hat er an alles gedacht?

**1.** Ju verdient schon Geld! Was erfahren wir darüber?

a) Welchen Nebenjob hat er? ______________________________

______________________________

b) Bei wem ist er angestellt? ______________________________

______________________________

c) Wie viel Geld verdient er? ______________________________

d) Was macht er mit dem Geld? ______________________________

______________________________

______________________________

JU

**2.** Ju hat als großer Bruder viel Verantwortung.
Um welche Dinge muss er sich kümmern?
Wie ist das bei dir zu Hause?
Trage beides in die Tabelle ein.

Tipp: Lies auf S. 12, 13, 16, 17 nach.

| Das muss Ju zu Hause erledigen | Das macht bei mir diese Person | Das muss ich zu Hause erledigen |
|---|---|---|
| | | |
| | | |
| | | |
| | | |
| | | |
| | | |
| | | |

**3.** a) Ju kann viele Dinge gut und eine Sache nicht so gut. Schreibe es in deinem Heft oder Lesetagebuch auf.

b) Was kannst du gut und was nicht so gut? Schreibe es ebenfalls auf.

**4.** * **Für Profis:** Ju hat keine Ahnung, wohin der Fahrstuhl fährt. Hast du eine Idee, wo er ankommen könnte? Schreibe in dein Heft oder Lesetagebuch.

# »Ah, da bist du ja!«

**1.** Ju glaubt zu träumen. Welche fünf Dinge sieht und erlebt er, die anders sind als seine normale Welt? Schreibe sie auf.

______________________ ______________________

______________________ ______________________

______________________

**2.** Was könnte hinter den Türen mit diesen Aufschriften stecken? Schreibe oder male.

ABTEILUNG
PUFF, PAFF UND PENG

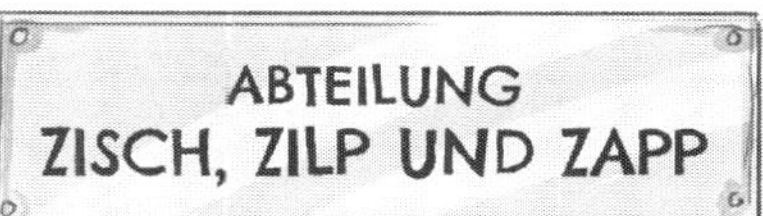


**3.** »Mein Name hat seine Gründe«, sagt der Flummi. »Deiner auch?«

a) Wie heißt der Flummi und warum?

______________________

b) Hat dein Name einen Grund, eine Bedeutung?

______________________

**4.** Spielt die Szene aus Kapitel 2 in Kleingruppen nach. Ihr könnt vorher im Text mit verschiedenen Farben markieren, welche Figur was sagt. Überlegt euch auch, wie die Figuren sprechen und wie sie sich bewegen.

Diese Fragen können euch bei der Vorbereitung helfen:
Wie bewegt sich ein Flummi? Wie könnte seine Stimme klingen?
Ju glaubt zu träumen: Wie könnte er sich bewegen? Wie wird die Dame beschrieben?

**5.** * **Für Profis:** Die Dame wird »Chefin von Alldem« genannt. Wovon könnte sie die Chefin sein? Schreibe deine Vermutungen in deinem Heft oder Lesetagebuch auf.

# Womit fängt er an?

**1.** Richtig oder falsch? Kreuze an. Schreibe die Seite mit der Textstelle dazu. Schreibe anschließend alle Sätze richtig in dein Heft oder Lesetagebuch.

| | | richtig | falsch | Seite |
|---|---|---|---|---|
| a) | Als Ju wieder in die Wohnung kommt, muss er zuerst Fabi eine Gute-Nacht-Geschichte vorlesen. | | | |
| b) | ZZZipsch ist sehr hungrig und Ju kocht ihm Lasagne. | | | |
| c) | ZZZipsch macht Ju einen Vorschlag, wie er die Welt retten könnte. | | | |
| d) | Der Flummi kann Jus Wünsche in die Tat umsetzen. | | | |
| e) | Jus erster Wunsch ist, Aliens aus dem All zu treffen. | | | |
| f) | Plötzlich wird alles schwarz. | | | |
| g) | Ausnahmsweise kann ZZZipsch den Wunsch rückgängig machen. | | | |
| h) | Morgen geht es um 10 Uhr weiter. | | | |

**2.** Ju hat sich noch nie Gedanken über die Rettung der Welt gemacht. Hast du schon einmal darüber nachgedacht? Was würdest du tun, wenn du den Auftrag hättest?

Du arbeitest mit der Methode THINK – PAIR – CHAIR:

a) THINK: Überlege zuerst alleine. Notiere drei Ideen in deinem Heft oder Lesetagebuch.

b) PAIR: Sprich zusammen mit einem Partnerkind über eure Ideen. Überlegt, was jeweils die Vor- und Nachteile der Idee sind. Sucht eine bis zwei Ideen aus, die ihr der Klasse vorstellen wollt.

c) SHARE: Stellt eure Ideen in der Klasse vor.

**3.** Zeichne einen Comic oder mehrere Bilder zu Kapitel 3.

**Tipp**

So kannst du bei der Gestaltung deines Comics vorgehen:

a) Überlege, wie viele Bilder du brauchst. Lege ein »Storyboard« an, also eine Tabelle, in der du dir Notizen machst. Hier können schon Ideen für Sprech- oder Gedankenblasen oder auch für Texte unter dem Bild stehen.

b) Die einzelnen Bilder des Comics zeichnest du am besten auf ein DIN-A5-Blatt. Wenn es am Schluss nötig ist, kannst du die einzelnen Bildseiten dann noch verkleinern.

c) Die fertigen Bilder klebst du in der richtigen Reihenfolge auf ein Plakat oder fotokopierst sie und machst daraus ein kleines Heft.

**4.** * **Für Profis:** Wen würdest du um Hilfe bitten, um so einen Auftrag zu erfüllen? Schreibe in dein Heft oder Lesetagebuch.

# »Und wie läuft das jetzt?«

**1.** Verbinde die Satzteile, die zusammengehören. Fülle die Lücken.
Schreibe die Sätze dann vollständig in dein Heft oder Lesetagebuch.

| | |
|---|---|
| Um keine _______ zu verlieren, | sondern _______ gleich, wie sie vorgehen könnten. |
| Ju möchte seine Klassenkameradin Leyla um _______ bitten, | dass ZZZipsch überall ganz viele _______ pflanzen soll. |
| Er hat sie _______, | macht er sich gleich _______ um 7 Uhr auf den Weg. |
| _______ ist fassungslos, | weil sie sehr fordernd ist und viel _______. |
| Aber sie _______ nicht, | obwohl er sie ziemlich _______ findet. |
| Ihre erste _______ ist, | dass Ju die Welt _______ soll. |

Tipp

Diese Wörter musst du einsetzen. Achtung: Zwei passen nicht!
Idee • Hilfe • retten • blöd • Leyla • Bäume • nachfragt • zögert • überlegt • nervig • ausgewählt • Blumen • Zeit • morgens

**2.** Beantworte die folgenden Fragen in deinem Heft oder Lesetagebuch.

a) Welche Probleme möchte Leyla angehen?

b) Warum möchte sie zuerst Bäume pflanzen?
Erkläre, was sie sich davon erwartet.

**3.** Was ist hier gemeint?

a) Suche die Sätze im Kapitel 4. Notiere die Seitenzahl.

- »Diese Rumkugel erfüllt alle Wünsche, oder wie?« (S. _______)
- ZZZipsch hört auf zu hüpfen und nestelt an seinem Reißverschlussfach herum. (S. _______)
- Jetzt sitzt er hoch oben auf einem wackeligen Zweig und winkt ihnen glucksend zu. (S. _______)
- Während beide in ihrem Baum höher klettern, schießen immer mehr Bäume aus dem Boden. (S. _______)

Tipp

Ein Synonym ist ein Wort mit gleicher Bedeutung.

* b) **Für Profis:** Erkläre die unterstrichenen Begriffe oben. Findest du ein Synonym, durch das du sie ersetzen kannst?

# »Streiche alle Schimpfwörter«

**1.** Ju und Leyla belauschen zwei Jugendliche, die einen Streit haben.

a) Überlege: Worüber könnte es in dem Streit gehen?

b) Spielt den Streit zu zweit nach.

c) Was passiert, nachdem ZZZipsch Jus Wunsch umgesetzt hat?

______________________________________________

______________________________________________

**2.** Leyla ist nicht sicher, ob dieser Wunsch zur Rettung der Welt beigetragen hat.
Was meinst du? Welche Wirkung könnte der Wunsch haben?

______________________________________________

______________________________________________

______________________________________________

**3.** Die Kinder sammeln weitere Dinge, die sie verbessern könnten.

a) Schreibe sie auf.

| Jus Vorschläge | Leylas Vorschläge |
|---|---|
| | |
| | |
| | |

b) Was würdest du ändern, wenn du es könntest?

______________________________________________

______________________________________________

**4.** »Wie kam ZZZipsch eigentlich zu dir?«, fragt Leyla Ju.
Schreibe in dein Heft oder Lesetagebuch, was Ju ihr erzählt.

**5.*** **Für Profis:** Ju und Leyla verstehen sich gut, obwohl sie vorher nicht befreundet waren.
Suche Sätze im fünften Kapitel, an denen man das sehen kann.
Schreibe sie in dein Heft oder Lesetagebuch.

# »Los, aufsteigen!«

**1.** Ju erfindet ein Zaflib.

a) Was ist das? Erkläre.

______________________________

______________________________

b) Welche Vorteile hat ein Zaflib? Nenne drei Dinge aus dem Text.

______________________________

______________________________

______________________________

c) Wie fühlt sich Ju auf dem Zaflib?

______________________________

**2.** Wie würde dein umweltfreundliches Verkehrsmittel aussehen? Male und beschreibe es hier.

**3.** Wohin würdest du damit fliegen?

______________________________

______________________________

**4.** * **Für Profis:** Erfinde weitere Fahrzeuge und gib ihnen Namen in Form von Abkürzungen.
Achte darauf, dass der Name die Eigenschaften des Fahrzeuges abbildet.
Male und schreibe in dein Heft oder Lesetagebuch.

# Köstliche Gummibärchen

**1.** Im Kapitel 6 sprach Leyla vom »Gummibärchen-Effekt«. Jetzt erfahren wir, was damit gemeint ist.

Beantworte die folgenden Fragen in deinem Heft oder Lesetagebuch.

a) Was ist Leylas nächster Wunsch?

b) Welche Auswirkungen hat er?

c) Findest du den Begriff »Gummibärchen-Effekt« passend? Begründe deine Meinung.

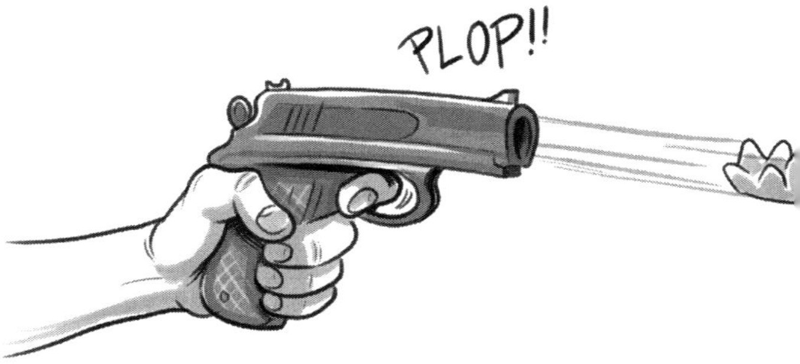

**2.** Die Kuh-Kucks-Uhr muht. Wie viel Uhr ist es?

Es ist ________ Uhr.

**3.** Ausgerechnet jetzt hat Ju ganz viele Ideen.

a) Schreibe sie unten auf.

b) Welcher Wunsch ist für Ju am wichtigsten? Kreuze ihn mit einem roten Stift an.

c) Nummeriere die Wünsche in der Reihenfolge, wie sie für dich am wichtigsten sind.

________________ ☐ ________________ ☐

________________ ☐ ________________ ☐

________________ ☐ ________________ ☐

**4.** Leyla und Ju müssen mit ZZZipsch in den Keller zurück. Was denkst du, wie sie sich fühlen? Begründe deine Meinung. Schreibe drei Sätze in dein Heft oder Lesetagebuch.
So kannst du die Sätze aufschreiben:

Ich denke, dass sie ________________ sind, weil ...

________________________________________

Diese Adjektive kannst du verwenden:
ruhig • aufgeregt • verzweifelt • traurig • fröhlich • nervös • ängstlich • entspannt • gestresst

**5.** * **Für Profis:** Ju überlegt sich, »Schule für alle« zu wünschen. Bei uns ist es selbstverständlich, dass Kinder zur Schule gehen. Forsche im Internet nach: Wo ist das nicht so? Warum ist das so? Schreibe auf, was du herausfindest.

# »Ich kann leider nicht mehr kommen!«

Ju wacht fröhlich auf und hat es sehr eilig.

1. Ju verhält sich am nächsten Tag anders, als er es sonst tun würde. Was hat dich erstaunt? Schreibe ein Beispiel auf.

___

___

___

2. Das Ende der Geschichte bleibt offen. Wie findest du das? Sprecht in der Klasse über eure Meinungen.
Das sagt die Autorin, Fee Krämer, zu offenen Enden:

Bis heute sind für mich offene Enden auch in Büchern oder Filmen für Erwachsene eine Herausforderung. Da beginnt es dann nämlich im Kopf zu rattern – und das kann anstrengend sein. Aber es lohnt sich, darüber nachzudenken, was man eigentlich selber für ein passendes Ende hält. Da gibt es kein richtig oder falsch.

3. Schreibe die Geschichte weiter. Wähle zwischen Aufgabe A und B. Schreibe in dein Heft oder Lesetagebuch.

**A** Wohin geht Ju an dem Tag? Was erlebt er? Schreibe eine ausführliche Geschichte.

**B** Ju spricht später mit seiner Mutter. Was erzählt er ihr? Wie reagiert sie? Schreibe das Gespräch auf.

4. * **Für Profis:** Erfinde eine weitere Figur für die Geschichte. Was macht sie? Welche Rolle spielt sie? Erzähle die Geschichte mit dieser Figur neu!

5. * **Für Profis:** Welche anderen Bücher oder Filme kennst du, die ein offenes Ende haben?

___

___

___

# »Ein einziges wildes Abenteuer!«

**1.** In vielen Büchern haben Kapitel Überschriften.
In »Abwärts ins Abenteuer« sind die Kapitel nur nummeriert.
Finde passende Überschriften und schreibe sie auf.

| | |
|---|---|
| Kapitel 1 | |
| Kapitel 2 | |
| Kapitel 3 | |
| Kapitel 4 | |
| Kapitel 5 | |
| Kapitel 6 | |
| Kapitel 7 | |

**2.** Bei der Chefin sieht Ju ein Bild an der Wand, auf dem alle seine Abenteuer zu sehen sind.
Male auf ein Blatt, wie du dir das Bild vorstellst.

**3.** Auf S. 87 steht: »Trotz der Schwere des Auftrags hat sich für Ju schon lange kein Tag mehr so leicht angefühlt.«

Kannst du diesen Satz erklären? Sprich erst mit einem Partnerkind darüber und dann in der Klasse.

**4.** Das Abenteuer hat Ju verändert. Wie ging es ihm am Tag mit seiner Aufgabe?

Male eine Gefühlskurve für Ju.

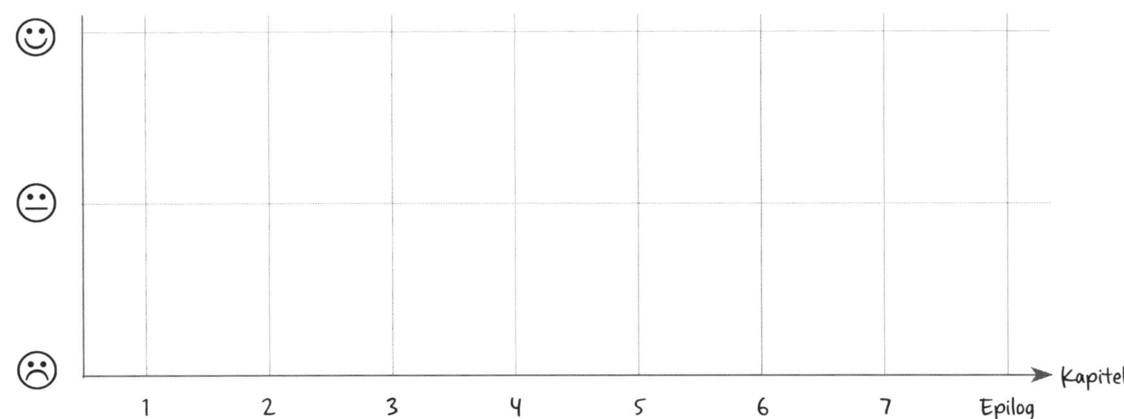


**5.** * **Für Profis:** Verfasse kurze Inhaltsangaben zu den sieben Kapiteln.
Schreibe in dein Heft oder Lesetagebuch.

# Feedback-Bogen

Du kennst die Geschichte »Abwärts ins Abenteuer« nun sehr gut.
Hier kannst du deine Meinung dazu äußern.
Vergleiche dann mit den anderen Kindern in deiner Klasse.

**1.** So finde ich die Figuren: sympathisch ☺, neutral 😐 oder unsympathisch ☹.

Kreuze an.

Ju ☺ 😐 ☹

Leyla ☺ 😐 ☹

ZZZIIPSCH ☺ 😐 ☹

Fabi ☺ 😐 ☹

**2.** Diese Textstelle finde ich am lustigsten: ______________________________

____________________________________________

**3.** Das hat mir nicht so gut gefallen: ______________________________

____________________________________________

**4.** Hier darfst du deine Meinung sagen. Kreuze an.

| | | stimmt | geht so | stimmt nicht |
|---|---|---|---|---|
| a) | Die Geschichte hat mir gut gefallen. | ○ | ○ | ○ |
| b) | Ju ist mutig. | ○ | ○ | ○ |
| c) | Ich habe alles gut verstanden. | ○ | ○ | ○ |
| d) | Ich habe gern im Buch gelesen. | ○ | ○ | ○ |
| e) | Ich fand die Schrift hilfreich beim Lesen. | ○ | ○ | ○ |
| f) | Die Geschichte war zu kurz. | ○ | ○ | ○ |
| g) | Das Ende hat mir gefallen. | ○ | ○ | ○ |
| h) | Jus Abenteuer möchte ich auch einmal erleben. | ○ | ○ | ○ |

**5.** Wie findest du das Buch insgesamt gesehen? Kreuze wieder an.

☐ sehr gut ☐ gut ☐ geht so ☐ schlecht

# Lösungen und Lösungsvorschläge

1. Prolog: griechisch für pro = vor, logos = wort, das Vorwort oder die Vorrede einer Geschichte oder eines Theaterstücks
2. a) Er findet in einer unterirdischen Schaltzentrale statt.
   b) ZZZipsch und SIE

1. a) Er mäht Rasen.
   b) Er ist bei einem älteren Ehepaar angestellt.
   c) 5 €
   d) Er spart es, damit sich die Familie eine größere Wohnung leisten kann.
2. Seinem kleinen Bruder bei den Hausaufgaben helfen; kochen; seine eigenen Dinge für den nächsten Tag vorbereiten; für seinen kleinen Bruder die Tasche packen; überlegen, ob genug Brot da ist; dafür sorgen, dass Fabi die Zähne putzt; ihn ins Bett bringen
3. a) Er ist gut in der Schule, kann gut Tischtennis spielen, ist gut in Sport, macht keinen Ärger, kann kochen, guter großer Bruder; er kann nicht gut Freunde finden.

1. glatte, silberglänzende Wände; goldene Bären, die einen Pfeil bilden; große goldene Tür mit Aufschrift: »SIE, Chefin von Alldem«; sprechender Flummi; unlösbarer Auftrag
3. a) Er heißt ZZZipsch, weil er einen Reißverschluss am Bauch hat, der das Geräusch macht.

1. richtig: a) S. 31, d) S. 33, f) S. 35, g) S. 38
   falsch: b) S. 31, c) S. 33, e) S. 34, h) S. 39

1. Um keine **Zeit** zu verlieren, macht er sich gleich **morgens** um 7 Uhr auf den Weg.
   Ju möchte seine Klassenkameradin Leyla um **Hilfe** bitten, obwohl er sie ziemlich **nervig** findet.
   Er hat sie **ausgewählt**, weil sie sehr fordernd ist und viel **nachfragt**.
   Um keine **Zeit** zu verlieren, macht er sich gleich **morgens** um 7 Uhr auf den Weg.
   **Leyla** ist fassungslos, dass Ju die Welt **retten** soll.
   Aber sie **zögert** nicht, sondern **überlegt** gleich, wie sie vorgehen könnten.
   Ihre erste **Idee** ist, dass ZZZipsch überall ganz viele **Bäume** pflanzen soll.
2. a) Hunger, Hass, Klima
   b) Mehr Bäume helfen dem Klima – sie verwandeln Kohlendioxid ($CO_2$) in Sauerstoff.
3. »Diese Rumkugel erfüllt alle Wünsche, oder wie?« (S. 47) – Kugel/Flummi
   ZZZipsch hört auf zu hüpfen und nestelt an seinem Reißverschlussfach herum. (S. 49) – fummelt/fingert
   Jetzt sitzt er hoch oben auf einem wackeligen Zweig und winkt ihnen glucksend zu. (S. 49) – kichernd
   Während beide in ihrem Baum höher klettern, schießen immer mehr Bäume aus dem Boden. (S. 51) – wachsen

1. c) Sie können keine Schimpfwörter mehr sagen. Aus ihren Mündern kommen stattdessen Seifenblasen.
3. a) Jus Vorschläge: schlechte Witze, Mittagessen in der Schulmensa, Leylas Kampf-Skills
   Leylas Vorschläge: Klimawandel, Ungleichheit, Kriege
5. S. 58 »Wie? Nee, ich brauch dich!«, sagt Ju etwas zu schnell und klettert deswegen fix nach unten. »Das war ein Witz! Natürlich brauchst du mich!«
   S. 63: Leyla bleibt stehen und legt Ju eine Hand auf die Schulter.
   Als Ju ihr endlich in die Augen gucken kann, sieht er, wie sie leuchten. »Aber ich bin echt glücklich, dass du mich dazugeholt hast!« Sie umarmt ihn.

1. a) Ein ZAhmer FLIegender Bär: Er lebt von Luft und schläft im Fliegen. Der Zaflib kann hunderte Kilometer zurücklegen, ohne erschöpft zu sein. Auf seinem Rücken hat locker eine ganze Familie Platz. (S. 67/68)
   b) sehr praktisches Fortbewegungsmittel, Bärenflug macht unglaublich viel Spaß, umweltfreundlich, Maßnahme gegen Artensterben
   c) Er ist glücklich.

1. a) Sie ersetzt die Munition aller Waffen durch Gummibärchen.
   b) Bei Videospielen sowie aus Spielzeugwaffen fliegen leckere Gummibärchen.
2. 6 Uhr
3. a) Schokoriegel, die überall an Bäumen wachsen; Quellen, aus denen unendlich Cola sprudelt; Beamen statt Fliegen; Gemüse schmeckt süß; mehr Ferien und weniger Schule; sich zu jedem Ort auf der Welt beamen können; Schule für alle, mit Superheldinnen und Superhelden als Lehrerinnen/Lehrer; gegen jede Krankheit eine Medizin; Menschen, die sich gegenseitig helfen; jeder soll genügend Zeit für sich haben; genügend Geld, um sich mindestens die wichtigsten Wünsche zu erfüllen; jeder braucht ein eigenes Zimmer
   b) Das eigene Zimmer

1. Es ist ihm egal, dass seine Mama Pfannkuchen zum Frühstück gemacht hat. Er sagt seinen Nebenjob ab.